Roland Werner
CHRIST WERDEN ... MENSCH SEIN

Roland Werner

Christ werden ... Mensch sein

Das Angebot Gottes

francke

Der Autor: Dr. phil. Roland Werner, Studium der Afrikanistik, Semitistik und evangelischen Theologie in Marburg; Promotion über eine afrikanische Sprache; Forschungsaufenthalte in afrikanischen Ländern; verschiedene Veröffentlichungen. Roland Werner ist Leiter des Christus-Treff Marburg und Vorsitzender von Christival – Kongress junger Christen. Mit seiner Frau Elke lebt er in Marburg.

Bibliografische Information Der Deutschen Bibliothek
Die Deutsche Bibliothek verzeichnet diese Publikation in der Deutschen Nationalbibliografie; detaillierte bibliografische Daten sind im Internet über http://dnb.ddb.de abrufbar.

6. veränderte Auflage 2008

ISBN 978-3-86122-711-3
Alle Rechte vorbehalten
© 2005 by Verlag der Francke-Buchhandlung GmbH,
35037 Marburg an der Lahn
Umschlaggestaltung: Henri Oetjen, DesignStudio Lemgo
Satz: Verlag der Francke-Buchhandlung GmbH
Druck: Koninklijke Wöhrmann, Niederlande

www.francke-buch.de

Inhaltsverzeichnis

Teil 1

Was ist ein Christ? Besser noch: Wer ist ein Christ?

In einem Buch des Neuen Testaments, der „Apostelgeschichte"[1], wird die Herkunft dieser Bezeichnung erklärt. Viele der Anhänger von Jesus flohen nach einer Verfolgung in Jerusalem und Judäa in die Nachbarländer und ließen sich dort nieder. Einige gelangten auch in die Stadt Antiochia, eine der größten Metropolen des Römischen Reiches (im Gebiet des heutigen Syrien). Dort, so wird dann weiter berichtet, „kam zuerst die Bezeichnung Christen für die Anhänger Jesu auf"[2]. Das dafür gebrauchte griechische Wort lautet christianos, wörtlich ein „Christianer", also ein Christusmensch.

Hier ist der Ursprung der Bezeichnung „Christ": Ein Christ definiert sich also von Christus her.

Darum geht es beim Christsein entscheidend: um die Beziehung zu Jesus Christus. Ob jemand Christ ist, hängt davon ab, ob er eine Beziehung zu Jesus Christus hat. Das ist der Kernpunkt.

Und: Um Christ zu sein, braucht man diese Beziehung zu Christus.

Auch das ist klar: Wer Christ sein will, muss Christ werden. Christ werden – darum geht es im Folgenden.

---

[1] Die Bibel wird in die zwei Hauptteile „Altes Testament" und „Neues Testament" eingeteilt. Jeder Hauptteil besteht aus einzelnen *Büchern*; diese sind in *Kapitel* und *Verse* unterteilt; vgl. das Inhaltsverzeichnis am Beginn jeder Bibelausgabe. Es empfiehlt sich, auch den Zusammenhang der Zitate zu lesen.
[2] Apostelgeschichte, Kapitel 11, Vers 26.

Christ werden ist keine Forderung, sondern ein großartiges Angebot, das nicht zu überbieten ist. Es ist das Angebot einer Lebenserneuerung. Dieses Angebot macht uns Gott selbst: durch Jesus Christus.

Wer ist (k)ein Christ?

Was macht einen Christen aus? Bei dieser Frage bestehen häufig Missverständnisse. Das Wort „Christ" wird oft sinnentfremdet oder in einer anderen Bedeutung gebraucht.

Im Folgenden will ich aufgrund der Definition des Neuen Testaments einige Missverständnisse ausräumen.

Missverständnis 1:
Christ ist, wer ein guter Mensch ist

Dies ist das moralische Missverständnis. Es ist sehr verbreitet. Manche Menschen fühlen sich angegriffen, wenn sie auf die Notwendigkeit hingewiesen werden, zu Jesus Christus umzukehren: „Ich bin auch ein guter Christ! Ich bin nicht schlechter als jeder andere auch."

Aber Christsein ist nicht gleichbedeutend mit „moralisch sein". Ein gutes Leben allein macht noch niemanden zum Christen. Auch Nichtchristen, zum Beispiel Anhänger anderer Religionen, können ein moralisch hochstehendes Leben führen.

Auf der anderen Seite gibt es Christen, die aus einem unmoralischen oder ungeordneten Leben kommen und jetzt eine Beziehung zu Jesus Christus gefunden haben. Sie müssen noch mühsam daran arbeiten, ihr Leben neu zu ordnen. Rein moralisch beurteilt bleiben sie vielleicht hinter manchem Nichtchristen zurück. Und doch sind sie Christen geworden, weil sie in Gemeinschaft mit Jesus Christus ihr Leben gestalten.

Missverständnis 2:
Christ ist, wer Mitglied einer Kirche ist

Auch dieses Missverständnis enthält, wie das vorige, einen wahren Kern. Christen sollten danach streben, „gute Menschen" zu werden. Und natürlich gehört das zum Christsein: Ein Christ lebt seinen Glauben in der Gemeinschaft mit anderen Christen, also in einer christlichen Gruppe, in einer Gemeinde oder Kirche.

Und doch macht allein die Mitgliedschaft in einer Kirche noch niemanden zum Christen. Niemand ist schon allein deshalb ein Auto, weil er in einer Garage geboren wurde. Ebenso kann ein Mensch getauft, gefirmt oder konfirmiert und sogar ein regelmäßiger Kirchgänger sein, ohne wirklich Christ zu sein. Auch die aktive Mitarbeit in einer christlichen Gemeinde macht noch niemanden zum Christen.

Jesus selbst machte auf diese traurige Gefahr der Selbsttäuschung aufmerksam: „Am Tage des Gerichts werden viele zu mir sagen: ,Herr, Herr! In deinem Namen haben wir Weisungen Gottes verkündet und viele Wunder getan.' Und trotzdem werde ich das Urteil sprechen: ,Ich habe euch nie gekannt!'"[3] Wichtig ist also nicht, zu welcher Gruppe oder Gemeinde jemand gehört oder was er für Gott tut, sondern ob ein Mensch Gott persönlich kennen gelernt hat.

Missverständnis 3:
Christ ist, wer religiöse Erfahrungen macht

Ebenso wenig wie Moral und Kirchenzugehörigkeit machen religiöse Erfahrungen einen Menschen zum

---

[3] Matthäus-Evangelium, Kapitel 7, Verse 22 und 23.

Christen. Erhebende Gefühle, bewegende, das Alltägliche übersteigende Erlebnisse können uns in vielen verschiedenen Situationen erfassen. Eine meisterhaft gespielte Symphonie, eine Wanderung in den Alpen oder ein feierlicher Gottesdienst können uns zutiefst bewegen. Solche Erfahrungen allein aber führen noch nicht ins Christsein, obwohl sie sicherlich auch Hinweise auf Gott enthalten können.

Entscheidend ist nicht ein Gefühl, sondern der Inhalt, aus dem dieses Gefühl gespeist wird. Für den Christen ist Jesus Christus der Inhalt, der alles bestimmt. Von ihm erfasst, können wir dann auch tiefe religiöse Erfahrungen machen. Aber das Christsein baut nicht darauf auf. Die Verbindung zu Jesus Christus übersteigt alle moralische Anstrengung, alles kirchliche Engagement und alle religiöse Erhebung.

Das Verständnis der Bibel: Christsein bezeichnet die Lebensverbindung mit Jesus Christus

Christsein heißt: in Verbindung mit Christus leben. Die unverwechselbare, personhafte, existentielle, andauernde Beziehung zu Jesus Christus ist Merkmal und Inhalt des Christseins. Christsein heißt, sein Leben in dieser persönlichen Beziehung, in der Freundschaft mit Jesus Christus zu führen. Hier ist die unveränderliche Mitte.

Die Wege in diese Mitte hinein können jedoch sehr unterschiedlich sein. Gott hat jeden einzelnen Menschen individuell geschaffen. Die Lebensumstände keiner zwei Menschen sind gleich. Der Ausgangspunkt mag unterschiedlich sein. Aber das Ziel und die Richtung sind klar. Jesus ruft uns zu sich selbst: „Kommt doch zu mir! Wer durstig ist, soll zu mir kommen und trinken."[4]

Den Weg zu Jesus möchte ich als *Christwerden* bezeichnen.

Den Weg in der Gemeinschaft mit Jesus nenne ich *Christsein*.

---

[4] Matthäus-Evangelium, Kapitel 11, Vers 28; Johannes-Evangelium, Kapitel 7, Vers 37.

Der Weg zu Jesus

Beim Lesen der Evangelien können wir mitverfolgen, wie Jesus Menschen begegnete und wie er sie in eine Beziehung zu sich brachte. Keine dieser Begegnungen verläuft gleich. Jesus geht nicht nach einem Schema vor, sondern geht auf jeden Einzelnen persönlich ein. Dem intellektuellen, angesehenen religiösen Führer begegnet er anders als dem einfachen Fischer vom See Tiberias. Dem reichen, jungen Mann sagt er etwas anderes als der armen Witwe. Die stadtbekannte Prostituierte spricht er anders an als den gesetzestreuen Juden.

Das ist ein Wesensmerkmal der gewinnenden Liebe, die Jesus Christus gelebt hat. Niemals ging es ihm um die Form. Immer ging es ihm um den Menschen.

Das gilt heute in derselben Weise. Jesus begegnet den Menschen auf ihrer Ebene, auf der Ebene ihrer Fragen, ihrer Bedürftigkeit, ihrer Zweifel und Angst, ihrer Not und ihrer Schuld. Er kann sich ganz in unsere Lage hineinversetzen. Seine „Allgegenwart" ist kein theoretischer Glaubenssatz, sondern eine direkte Zusage an uns.

Jesus Christus spricht sein Wort der Einladung direkt in unsere Lebenssituation hinein. Sein Angebot der Lebenserneuerung gilt jedem, egal wo wir stehen.

Wer dies weiß und darauf reagiert, vielleicht noch zaghaft, geht schon die ersten Schritte ins Christsein hinein.

Damit beginnt das Christwerden: auf den Ruf von Jesus Christus zu antworten; herauszutreten aus dem alten Lebensgefüge, das unser Leben bislang prägte, und hineinzutreten in Gottes Wirklichkeit. Hervorzukommen aus den Verstecken und den Sackgassen, hinein in sein Licht und auf seinen Weg.

Das ist die Umkehr zu Gott. Wollen, Denken und Handeln schlagen eine neue Richtung ein.

Die Geschichte einer Umkehr

Jesus erzählte eine unvergleichliche Geschichte. Es ist die Geschichte von jedem Menschen, auch deine und meine Geschichte.[5]

Der Sohn war fortgegangen aus dem Haus seines Vaters. Er hatte sein Erbe eingefordert, obwohl der Vater noch lebte. Der Vater hatte es ihm ausgezahlt. So lebte er noch in der Ferne auf Kosten des Vaters. Dass man Liebe nicht kaufen kann, merkte er erst, als es zu spät war. Alles, was er mitgebracht hatte, war verbraucht. Er hatte keine Reserven mehr. Mit dem Geld verließen ihn auch die Freunde. So fand er sich ausgestoßen draußen vor der Tür vor. Ein halbwegs mitleidiger Landwirt ließ ihn Schweine hüten. Zu essen gab er ihm aber nicht.

Dort bei den Schweinen, am Ende seines Weges, kam er zur Besinnung.

In dieser ausweglosen Lage kam ihm die Erinnerung an das Haus des Vaters. „Selbst die geringsten Arbeiter dort haben es besser als ich, der ich doch eigentlich ein Sohn bin!" Aber seine Stellung als Sohn hatte er verspielt – so dachte er jedenfalls. „Ich will umkehren und zu meinem Vater gehen. Ich will meine Schuld zugeben und

---

[5] Lukas-Evangelium, Kapitel 15, Verse 11-24.

ihn bitten, dass ich wie ein geringer Lohnarbeiter bei ihm unterkommen kann."

Stolz und reich war er ausgezogen, abgebrannt und reumütig kam er zurück.

Der Vater sieht ihn schon von weitem kommen. Er rennt, ganz ungebührlich, auf ihn zu.

„Vater, ich habe falsch gehandelt! Ich bin es nicht wert, dein Sohn zu sein. Lass mich nur wie einen deiner letzten Arbeiter sein." Doch der lässt ihn gar nicht ausreden. Keine Strafpredigt, keine Drohung – er umarmt und küsst ihn.

Nach einem ausgiebigen Bad gibt es neue Kleider, Schuhe und den Siegelring, der ihn als Sohn mit allen Rechten auszeichnet. Und dann fängt das Fest an, mit dem Besten, was man hat, eine rauschende Feier mit Musik und Tanz.

Diese Geschichte gehört zu den bekanntesten des Neuen Testaments. Sie wird häufig als die „Geschichte vom verlorenen Sohn" bezeichnet. Doch eigentlich sollte sie die „Geschichte von der Freude des Vaters" heißen. Denn darum geht es im Tiefsten.

Jesus zeichnete in dieser Geschichte nicht nur das Bild von uns Menschen, sondern auch ein Bild von sich selbst. Er ist der Gott, der uns auf den Straßen unseres Lebens weit entgegenläuft, wenn wir uns aufmachen, heimzukehren in das „Vaterhaus" der Gegenwart Gottes.

Das ganze Leben von Jesus war ein einziges Entgegenkommen. Seine Zuwendung galt allen in gleicher Weise: Kindern und Alten, Angesehenen und Ausgestoßenen, Kranken und Gesunden. Er stieß keinen von sich weg.

Jesus war auf der Suche nach Menschen, die sich auf ihrem Lebensweg verlaufen hatten. Er lud sie zu sich ein. Er forderte sie heraus mit der Wahrheit

Gottes. Er rief sie zu einer grundsätzlichen Lebenswende. Nie aber versuchte er, einen Menschen zu etwas zu zwingen. Er konnte Menschen gehen lassen, wie der Vater in seiner Geschichte. Er machte keinen Menschen von sich abhängig, sondern stellte ihn in die Freiheit. Es ist die Freiheit der Entscheidung für oder gegen ihn.

Die Geschichte einer Entscheidung

Es ist meine eigene Geschichte. Weil meine Eltern stark in der Kirche engagiert waren, kannte ich von klein auf die biblische Botschaft. Dennoch war ich nicht frei für Jesus.

Im Rückblick kann ich erkennen, dass ich in mir selbst gefangen war. Meine Ichsuche aufgrund von Minderwertigkeitsgefühlen führte zur Ichsucht. Ein Wechselbad aus Hochmut und Niedergeschlagenheit, Sehnsucht und Trauer verdunkelte früh die Seele. Dennoch konnte ich immer wieder Freude und Geborgenheit durch die Nähe Gottes erfahren.

Und doch verrannte ich mich immer mehr in mich selbst. Krampf statt Freude, Angst statt Gelassenheit prägten mein Leben. Eines Nachts, ich konnte nicht schlafen, hörte ich Gottes Reden. Nicht akustisch, aber dennoch ganz klar. Vor meinem inneren Auge sah ich deutlich zwei Wege. Und mir wurde klar, dass ich mich zwischen ihnen entscheiden musste.

• Der eine war der Weg, auf dem ich mich selbst bestimmte. Ein Weg in der Selbstführung, wo ich meine Gaben und Talente ganz zum Einsatz brächte, mich selbst aufbaute und meine Fähigkeiten voll ausnutzen würde, um mich zu finden und zu bestätigen und das Beste aus meinem Leben zu machen. Der Weg der Selbsterhaltung und der Selbsterhöhung, der sich letztlich doch nur in der Belanglosigkeit verlieren würde. Mein Weg, der Weg meines Ichs, ohne Gott.

- Ebenso deutlich sah ich den anderen Weg, der auf den ersten Blick schwerer schien. Ein Weg, der von mir Hingabe und Demut verlangt, ein Weg, auf dem ich es zulasse, dass Jesus mich führt. Ein Weg, wo Jesus die Regie führt und nicht ich selbst. Ein Weg, der vor Hindernissen nicht Halt macht. Ein Weg mitten durch Schwierigkeiten bis zum Ziel, das Gott meinem Leben gesetzt hat. Ein Weg des Sterbens, der zum Leben führt.

Diese Alternative erfasste mein Herz in jener Nacht. Ich wusste, dass es letzten Endes nur diese beiden Wege gibt. Und ich hörte das Reden von Jesus in meinem Innern: „Du selbst musst wählen, welchen Weg du gehen willst. Doch ich lade dich ein, dich mit mir auf den Weg zu machen."

Das Bild von den beiden Wegen hat Jesus in der berühmten Bergpredigt selbst gebraucht: „Geht durch die enge Tür! Denn das Tor, das ins Verderben führt, ist breit und die Straße dorthin bequem. Aber die Tür, die zum Leben führt, ist eng und der Weg dorthin anstrengend. Nur wenige gehen ihn."[6]

Schon das ist ein Reden Gottes, wenn man überhaupt diese Entscheidung, diese beiden Wege erkennen kann. In jener Nacht sah ich sie und wählte den Weg mit Jesus. Ein erfahrener Christ half mir

---

[6] Matthäus-Evangelium, Kapitel 7, Verse 13 und 14.

dabei, diese Entscheidung vor Gott im Gebet auszudrücken und fest zu machen.

Das geschah allerdings nicht mit fliegenden Fah-
nen oder voller Selbstvertrauen. Ich wusste, dass ich
aus eigener Kraft nicht auf diesem Weg bleiben konnte. Mein Gebet war: „Jesus, ich will auf deinem Weg
gehen. Ich weiß aber, dass ich es nicht allein kann.
Du musst mir helfen und mich selbst an die Hand
nehmen. Ich will mich für dich entscheiden – bitte
hilf mir, dass ich durchhalte!"

Und so konnte ich durch die „enge Tür" hindurch-
gehen. Und ich merkte, dass meine Entscheidung
für Jesus, die so schwach und angefochten war, ge-
tragen und umschlossen war von der ewigen Entscheidung Gottes für mich. Ich brauche den Weg
nicht allein zu gehen. Jesus ist mit mir auf dem Weg
zum Leben.

Die Geschichte einer Befreiung

Meine Gesprächspartnerin war schon immer religi-
ös interessiert gewesen. Der Materialismus, den sie
bei vielen Menschen um sich herum sah, stieß sie
ab. Ihre Eltern, die auch für höhere Dinge offen sein
wollten, hatten sie auf eine Schule geschickt, in der
besonders die geistige Weiterentwicklung der Person auf dem Programm stand. Das Bewusstsein für
die Zusammenhänge von Natur und Geist und die
Suche nach einem freien, unabhängigen Mensch-
sein gehörten zur Grundausstattung ihrer Ausbil-
dung. Bald schon machte sie übernatürliche Erfahrungen. Bewusstseinserweiterung durch Kontakt mit
übergeordneten Geistwesen – das schien ihr der Weg
zur Erfüllung zu sein.

Jesus Christus kam auch in ihrem Denksystem vor, galt aber nur als eine von mehreren Möglichkeiten, an verborgenes Wissen zu gelangen. Dann traf sie mit Menschen zusammen, die dem wirklichen Jesus Christus nachfolgten. Ihr wurde deutlich, dass hier zwei völlig unterschiedliche Lebenskonzepte vorlagen. Die Worte des Jesus von Nazareth, ohne Umdeutung durch das antrainierte mystisch-religiöse Denksystem, wurden zu einem Stachel in ihrer Seele. Besonders die absolut klingenden Aussagen von Jesus machten ihr zu schaffen: „Ich bin der Weg, der zur Wahrheit und zum Leben führt. Einen anderen Weg zum Vater gibt es nicht."[7] Konnte das wahr sein?

Der Konflikt spitzte sich immer mehr zu. Letztlich lief es darauf hinaus: Selbsterlösung und geistige Höherentwicklung aus eigener Kraft – oder Erlösung durch Jesus. Mehr und mehr erkannte sie ihre bisherige Lebensphilosophie als Gefängnis. Der Weg der Selbsterlösung war eine Sackgasse, in die sie von Mächten getrieben wurde, die sich immer mehr zwingend auf sie legten. In dieser Situation wandte sie sich in einem Gebet an Jesus. Sie lud ihn ein, ihr zu begegnen, ihr nahe zu sein und alle anderen Mächte in ihr zu überwinden. In den Wochen und Monaten, die folgten, wuchs ihre Gesprächsbeziehung zu Jesus ständig. Sie stellte sich bewusst in eine christliche Gemeinschaft hinein und erlebte Veränderung.

Und doch war ihr Denken noch stark von der Philosophie der Selbsterlösung geprägt. Geistige Erlebnisse, die ihren Ursprung nicht im guten Geist Jesu Christi, sondern in unheimlichen Mächten hatten,

---

[7] Johannes-Evangelium, Kapitel 14, Vers 6.

drängten sich ihr auf. Es stellten sich Störungen in ihren Gebeten ein. Träume übersinnlichen Inhalts ängstigten sie.

So kam sie zu uns. Wir beteten miteinander, die Mächte verloren ihre Macht. Sie sagte sich von ihnen los. Seither ist ihre Macht gebrochen. Sie kann Jesus klarer sehen als vorher. Die übersinnlichen Erfahrungen haben ein Ende gefunden. Stattdessen wächst die wirkliche Gottesbeziehung, wachsen Freude, Vertrauen und Friede.

Drei Geschichten. Alle drei sind wahr. Sie stehen für viele andere. In jeder sehen wir einen bestimmten Aspekt des Christwerdens: Umkehr, Entscheidung, Befreiung.

Umkehr – wie bei dem Sohn, der zum Vater zurückfindet.

Entscheidung – zwischen zwei Lebenswegen.

Befreiung – von verführerischen Mächten und Weltanschauungen.

In jedem Fall mussten konkrete Schritte gegangen werden. Auf dem Weg zu Gott kommt es letztlich nicht so sehr darauf an, welchen Schritt jemand zuerst tut; wichtig ist, dass er überhaupt anfängt zu gehen.

Nur darüber nachzudenken ist nicht genug. Ein konkreter Anfang ist gefragt.

Bilder des Christwerdens

In der Bibel werden verschiedene Begriffe und Bilder gebraucht, um den Weg des Christwerdens zu beschreiben. Sie zeigen jeweils einen Teil des ganzen Vorgangs. Denn wenn jemand Christ wird, hat das Auswirkungen in allen Bereichen seines Lebens, bis in die weiteste Zukunft hinein. So kann jedes Bild nur einen Teil dieses Vorgangs verdeutlichen. Ich will einige nennen:

Christwerden ist wie eine Geburt

Diese Antwort gibt Jesus dem einflussreichen Theologen Nikodemus: „Nur wer von neuem geboren ist, wird Gottes neue Welt zu sehen bekommen."[8] Was er sagen will, ist klar. Eine Geburt ist ein passiver Vorgang. Man wird geboren, ohne gefragt zu sein. Das Geschenk des Lebens überrascht uns.

Ebenso ist es mit dem Christwerden und Christsein. Gott ist es, der das „neue Leben" schenkt. Er ist letztlich der Handelnde. Er ruft uns in die neue Existenz als Christen. Das Entscheidende tut Gott, nicht wir Menschen.

Noch etwas Weiteres sagt der Vergleich mit einer Geburt. Sie geschieht nicht von heute auf morgen. Sie ist von langer Hand vorbereitet. So wie der Same das Ei befruchtet, dieses sich einnistet und in der Verborgenheit wächst, so ist es mit dem Christwerden. Irgendwann trifft uns ein Wort von Gott, ein Wort der Bibel: eine Zusage, eine Tröstung, eine

---

[8] Johannes-Evangelium, Kapitel 3, Vers 3.

Herausforderung. Wir nehmen dieses Wort an und geben ihm Raum, vielleicht ganz tief im Herzen verborgen. Dort wächst es, wird stark und lebensfähig, bis schließlich aus dem Samen des Wortes von Gott ein neues Leben von Gott entsteht.

Das ist der tiefste Sinn der biblischen Aussage, dass wir „Kinder Gottes" werden und sein sollen. Christ-sein kann niemand für sich selbst produzieren. Christen sind aus dem Willen und aus dem Wort Gottes geboren. Gott selbst hat das neue Leben in uns hervorgebracht. „Manche nahmen ihn [= Jesus] auf und schenkten ihm ihr Vertrauen. Ihnen gab er das Recht, Kinder Gottes zu werden. Das wurden sie nicht durch natürliche Geburt oder weil Menschen es so wollten, sondern weil Gott ihnen ein neues Leben gab."[9]

Christwerden ist ein Herrschaftswechsel

Es stimmt nicht, dass der Mensch letztlich autonom ist. Immer wird er von etwas bestimmt. Die Frage ist nur, was das ist. Martin Luther hat einmal gesagt: „Der Mensch ist wie ein Lasttier: Entweder wird er von Gott geritten oder vom Teufel." Was einen „reitet", beherrscht und niederdrückt, weiß man selbst am besten.

Jesus lädt jeden ein, zu ihm zu kommen, wie er ist. Wir müssen uns nicht zuerst selbst verbessern oder reinigen. Jesus bietet uns die entscheidende Hilfe an: „Ich will euch die Last abnehmen! Ich quäle euch nicht und sehe auf keinen herab. Stellt euch unter meine Leitung und lernt bei mir; dann findet

---

[9] Johannes-Evangelium, Kapitel 1, Verse 12 und 13.

euer Leben Erfüllung. Was ich anordne, ist gut für euch, und was ich euch zu tragen gebe, ist keine Last."[10]

Die Herrschaft der Sorge, der Angst, der Gier, der Eifersucht, des Neids, der Unreinheit und Unversöhnlichkeit und aller anderen Destruktivmächte wird gebrochen, wenn Jesus Herr in unserem Leben wird.

Das christliche Urbekenntnis lautet: „Jesus ist der Herr!"[11] Das bedeutet: „Jesus ist Herr über alles, und er ist auch mein Herr!" Wer das ehrlich sagt, ist Christ.

Seit Jesus Christus von den Toten auferstanden ist, kann nichts und niemand seine Herrschaft mehr streitig machen. Es ist die wohltuende Herrschaft des „Friedensfürsten"[12], unter der ein Mensch aufatmen und neue Kraft schöpfen kann.

Christwerden ist ein Herrschaftswechsel. „Gott hat uns aus der Gewalt der dunklen Mächte gerettet und uns unter die Herrschaft seines geliebten Sohnes gestellt. Durch ihn hat er uns befreit. Seinetwegen vergibt er uns unsere Schuld."[13]

Christwerden ist der Gang zu einem Fest

Dieses Bild stammt ebenso wie die anderen von Jesus selbst. Er verglich die Herrschaft Gottes mit einem großen, festlichen Abendessen. Schon lange vorher hatte der Gastgeber die Gäste eingeladen. Als alles

---

[10] Matthäus-Evangelium, Kapitel 11, Verse 28-30.
[11] 1. Brief an die Gemeinde in Korinth, Kapitel 12, Vers 3.
[12] Prophet Jesaja, Kapitel 9, Vers 5: „Man wird ihn nennen: umsichtiger Herrscher, mächtiger Held, ewiger Vater, Friedensfürst."
[13] Brief an die Gemeinde in Kolossä, Kapitel 1, Verse 13 und 14.

fertig war und das Fest beginnen sollte, kamen sie nicht. Jeder hatte eine andere Ausrede. Ihr Alltag war ihnen wichtiger als das Fest, das für sie vorbereitet war.

Jesus erzählt weiter: „Da wurde der Herr zornig und befahl seinem Diener: ‚Lauf schnell auf die Straßen und Gassen der Stadt und hol die Armen, Verkrüppelten, Blinden und Gelähmten her. Geh auf die Feldwege und an die Hecken und Zäune und dränge die Leute zu kommen, damit mein Haus voll wird!'"[14]

Gott lädt uns ein zu seinem Fest. Er will uns beschenken. Er will uns satt machen mit guten Dingen. Freude, Heilung, Versöhnung, Sinn, Geborgenheit und Gemeinschaft warten auf uns. Das Fest kann losgehen.

Oder doch noch nicht? Gott will warten, bis auch wir hereinkommen und an seinem Tisch Platz genommen haben. Es ist noch ein freier Platz für uns an der Festtafel. Alles ist bereit. Auf dem gedeckten Tisch steht eine Platzkarte mit unserem Namen.

Christwerden ist der Gang zu Gottes Fest. Christsein ist das Fest.

Bei Gott ist die Festfreude an der Tagesordnung. Gemeinschaft, Beziehung, Musik, ein sättigendes Mahl, neue Freunde, Kreativität, Spaß und Harmonie kennzeichnen die Atmosphäre der Gegenwart Gottes.

Wir sind zum Fest eingeladen. Das ist wirklich so, auch wenn wir es nicht erwarten. Der junge Mann in unserer ersten Geschichte wusste das nicht. Er erwartete alles beim Vater, nur kein Fest. Und doch war es wahr.

---

[14] Lukas-Evangelium, Kapitel 14, Verse 16-24.

Wie man Christ werden kann

Eine neue Geburt, ein Herrschaftswechsel, der Gang zu einem Fest: Bilder, die Jesus gebrauchte, um uns in seine Gemeinschaft zu locken.

Christwerden – die Eingangstür zum Christsein, zum Leben mit Gott. Christ wird, wer durch die Tür hineingeht, wer auf den Ruf von Jesus antwortet. Wie kann das konkret geschehen?

An dieser Stelle hört das reine Nachdenken auf. Jetzt sind bewusste Schritte dran. Der große Theologe Martin Kähler (1835–1912) schrieb ein Gebet auf, das an dieser Stelle helfen kann:

> *„... der Herzen wendet, dass man dich sucht,*
> *Verborgener, Offenbarer, so nah und so fern,*
> *du einiger wahrer Herr aller Herrn:*
> *Hilf aus den Gedanken ins Leben hinein,*
> *ganz ohne Wanken dein Eigen zu sein."*

Wer so weit gefolgt ist, den lade ich ein, noch weiter mitzukommen. Nachdenken allein führt nicht mehr weiter.

Ich möchte jetzt persönlich werden: Was kannst du tun, um Christ zu werden? Welche Schritte sind notwendig?

1. Schritt: Du kannst hören

Gott möchte mit dir sprechen, ganz persönlich und ganz in deine Situation hinein. Richtiger gesagt: in dein „Herz" hinein, in die Mitte deiner Person. Er möchte mit dir sprechen wie ein Freund mit seinem Freund. Sein Reden ist oft leise und leicht zu überhören. Viele andere Stimmen versuchen, die Stimme Gottes in unserem Leben zu übertönen.

Jesus sagt: „Ich stehe vor der Tür und klopfe an. Wenn jemand meine Stimme hört und öffnet, werde ich bei ihm einkehren."[15]

Die Stimme von Jesus hören – wie sieht das praktisch aus?

Eine Möglichkeit: Nimm dir eine Bibel zur Hand – möglichst in einer modernen Übersetzung – und lies eins der Evangelien aufmerksam durch. Die Evangelien sind die Lebensberichte von Jesus. Stelle dir dabei die folgenden Fragen:

- Was wird hier über Jesus ausgesagt?
- Was sagt Gott mir durch diese Worte über mich selbst?
- Was sagt er mir über den Weg zu Jesus?

Du fragst also beim Lesen im Neuen Testament: Wer ist Jesus? Wer bin ich vor Gott? Wie sieht der Weg zu Jesus aus?

Wenn du auf diese Weise „hörend" die Bibel liest, kann das Wunder geschehen, dass Gott dich durch sie direkt anspricht. Was er dir sagt, setze dann in die Tat um. Wenn dir etwas klar wird, handle entsprechend. Dann wirst du erfahren, wie Gott immer

---

[15] Offenbarung an Johannes, Kapitel 3, Vers 20.

weiter mit dir redet; und du wirst immer mehr in der Lage sein, seine Stimme von den anderen Stimmen in dir und um dich herum zu unterscheiden. Auf dem Weg des Hörens und Tuns erkennst du immer mehr, wer Jesus ist.[16]

2. Schritt: Du kannst beten

Kommunikation ist das Kennzeichen einer lebendigen Beziehung: zuhören, miteinander sprechen, einander antworten. Gebet ist der Weg der Kommunikation mit Gott. Beten ist der Draht, der uns mit Gott verbindet. Es kommt nicht auf den Wortlaut unserer Gebete an. Es geht nicht um eine Formel oder ein Ritual. Gebet ist vielmehr der Ausdruck von dem, was in unserem Herzen ist. Unser Beten kann sehr unbeholfen sein. Das macht nichts.

In der Bibel finden wir viele Beispiele von Gebeten, die ein erster Kontakt zu Jesus Christus sind oder die ein abgebrochenes Gespräch wieder aufnehmen. Meist sind sie sehr kurz. Und doch sind sie der Anfang eines Gesprächs, das nie mehr abbricht und ein ganzes Leben verändert. Ich nenne einige davon:

- „Gott, hab Erbarmen mit mir, ich bin ein sündiger Mensch!"[17] So betete ein Ausbeuter, als er zu Gott umkehrte.

---

[16] Jesus lädt zu diesem Experiment ein: „Wenn jemand bereit ist, den Willen Gottes zu tun, der wird erkennen, ob dies von Gott ist oder ob ich von mir selbst rede." Johannes-Evangelium, Kapitel 7, Vers 17.
[17] Lukas-Evangelium, Kapitel 18, Vers 13.

- Ein Blinder am Straßenrand in Jericho rief: „Jesus, Sohn Davids! Hab Erbarmen mit mir!"[18]
- Und als der Christenverfolger Paulus auf der Straße nach Damaskus erkennen musste, dass er gegen Gott kämpfte, war sein entscheidendes erstes Gebet: „Wer bist du, Herr?"[19]

Du kannst beten. Du kannst Gott dein Herz ausschütten. Gott möchte keine wohlklingenden Worte. Er möchte in ein echtes, ehrliches Gespräch mit dir eintreten. Auf Seite 34 findest du ein Gebet, das dir bei der Kontaktaufnahme mit Gott helfen kann.

3. Schritt: Du kannst Schuld bekennen und loslassen

Wie der heimkehrende Sohn in der Geschichte, die Jesus erzählt, kannst du vor Gott ehrlich werden. Du kannst ihm die Niederlagen und Dunkelheiten deines Lebens sagen. Du kannst vor Gott ausdrücken, was dich an Schuld und Versagen belastet. Es gilt die Zusage der Bibel: „Wenn wir unsere Schuld eingestehen, dürfen wir uns darauf verlassen, dass Gott Wort hält: Er wird uns dann unsere Verfehlungen vergeben und alle Schuld von uns nehmen, die wir auf uns geladen haben."[20]

Dafür hat Jesus mit seinem Leben gebürgt. Dafür ging Jesus ans Kreuz. Dafür hing er zwischen Himmel und Erde und starb als verurteilter Verbrecher.

---

[18] Lukas-Evangelium, Kapitel 18, Vers 38.
[19] Apostelgeschichte, Kapitel 9, Vers 5.
[20] 1. Brief des Johannes, Kapitel 1, Vers 9.

Dort nahm er alle Sünde und Schuld der Menschen mit in den Tod.

Als Jesus am Kreuz starb, hat er auch an uns gedacht und unsere Schuld auf sich genommen. Der Gerechte starb für die Ungerechten, der Gottessohn für die Gottlosen, damit wir leben können. „Christus starb für uns, als wir noch Gottes Feinde waren. Damit hat Gott uns gezeigt, wie sehr er uns liebt. Als wir noch Gottes Feinde waren, hat Gott durch den Tod seines Sohnes unsere Feindschaft überwunden."[21]

Deshalb sind die ausgebreiteten Arme von Jesus am Kreuz nichts anderes als die offenen Arme des Vaters, der seinem Kind alles vergibt und es hineinnimmt in das Fest der Freude.

Das ist das Geheimnis des Kreuzes von Jesus: Die scheinbare Niederlage wird zum größten Sieg. Gott selbst überwindet die Macht der Dunkelheit.

Jesus Christus blieb nicht im Tod. Er ist von den Toten auferstanden und hat so die Macht des Todes überwunden. Sein neues Leben ist unzerstörbar: „Hab keine Angst! Ich bin der Erste und der Letzte. Ich bin der Lebendige! Ich war tot, doch nun lebe ich in alle Ewigkeit. Ich habe Macht über den Tod und die Totenwelt."[22]

Durch die Auferstehung von Jesus gibt es die Möglichkeit eines neuen Lebens. Nie mehr dürfen Todesmächte uns von Gott trennen, keine Schuld, keine Angst. Keinen Augenblick länger brauchen wir in der Dunkelheit der Gottesferne zu bleiben.

Wer Schuld verheimlicht, bindet sich an sie und wird weiterhin von ihr geprägt. Wer seine Schuld aber offen vor Gott beim Namen nennt, wird von

---

[21] Brief an die Gemeinde in Rom, Kapitel 5, Verse 8 und 10.
[22] Offenbarung an Johannes, Kapitel 1, Verse 17 und 18.

ihr gelöst und frei. Dieser Schritt ist wichtig und grundlegend für eine Umkehr zu Gott.

Es ist oft hilfreich, ihn in der Gegenwart eines anderen Christen zu tun. Der andere ist dann der Zeuge des Gespräches zwischen Gott und dir. Das ist der Sinn dieses Bekenntnisses. Seine Schuld beim Namen zu nennen – manche nennen dies „Beichte" – ist kein Zwang, sondern ein Angebot, das helfen soll, die Sündenvergebung wirklich anzunehmen. Wer so seine Schuld bei Gott ablädt, bekommt Freude und neuen Mut.

Du kannst als Sünder, als fehlerhafter und schwacher Mensch zu Gott kommen. Du musst nicht erst fromm oder heilig werden. Gott nimmt dich so, wie du bist, aber er lässt dich nicht so. Er will und wird dich verändern, wenn du dich ihm anvertraust.

4. Schritt: Du kannst dich von allen negativen Mächten lossagen

In der frühen Kirche gehörte die *abrenuntiatio diaboli,* die Absage an den Teufel, zum festen Bestandteil jeder Taufe. Oft wurde sie so formuliert: „Ich sage ab dem Teufel und allen seinen Werken."

Gerade wenn Bindungen an andere Mächte vorliegen, ist solch eine Lossagung im Gebet hilfreich. In ihr sprichst du dich von jedem Anrecht, das andere Mächte an dich haben könnten, los und stellst dich ganz auf die Seite Gottes. Du trittst so in den Machtbereich von Jesus ein, der jede finstere Macht besiegt hat, und erfährst: „Der Geist [Jesu], der in euch wirkt, ist mächtiger als der Geist [des Teufels], der diese Welt regiert."[23]

[23] 1. Brief des Johannes, Kapitel 4, Vers 4.

5. Schritt: Du kannst von Gottes Geist erfüllt werden

„Der Geist, den Gott uns gegeben hat, macht uns nicht zaghaft, sondern gibt uns Kraft, Liebe und Besonnenheit."[24] Die Kraft des Geistes Gottes kann unser Leben ganz umgestalten und prägen. Die Liebe kann unser ganzes Leben erfüllen. Die Besonnenheit, die der Heilige Geist gibt, hilft uns, Gottes Willen zu erkennen und zu tun.

Bitte deshalb konkret darum, dass Gott dich mit seinem Heiligen Geist erfüllt. Er will mit seiner heilenden und erneuernden Kraft in alle Ecken und Winkel deines Lebens kommen.

Gott gibt seinen Geist jedem, der im Vertrauen auf Jesus zu ihm kommt. Jesus hat gesagt: „Wer durstig ist, soll zu mir kommen und trinken – jeder, der mir vertraut! Denn in den heiligen Schriften heißt es: Aus seinem Innern wird lebendiges Wasser strömen. Jesus meinte damit den Geist, den die erhalten sollten, die ihm vertrauten."[25]

Mit Gottes Geist erfüllt zu werden, ist Teil des Christwerdens. Durch den Geist Gottes wird das Leben wirklich neu.

Diese fünf Schritte sind kein Schema, sondern eine Hilfe, die Tür für Jesus zu öffnen. Jesus ist mehr als bereit, auf unsere Einladung hin in unser Leben einzutreten. Christwerden und Christsein sind für dich jetzt eine echte Möglichkeit.

---

[24] 2. Brief an Timotheus, Kapitel 1, Vers 7.
[25] Johannes-Evangelium, Kapitel 7, Verse 38 und 39.

Ein Gebet der Hingabe an Gott

Vielleicht kann folgendes Gebet dir eine Hilfe für den Einstieg in die Beziehung zu Gott sein:

Herr Jesus Christus,
ich habe von dir gehört und erkannt, dass du der Sohn Gottes bist.
Du bist am Kreuz für mich gestorben.
Du bist auferstanden und du lebst heute.
Du hast unbeschränkte Vollmacht im Himmel und auf Erden.

Ich komme jetzt zu dir und bringe dir mein Leben, mich selbst.
Ich bitte dich, dass du in mein Leben eintrittst und die Herrschaft übernimmst.
Von nun an will ich zu dir gehören und deinen Willen tun.

Ich bringe dir auch meine Schuld und meine Gebundenheit.
Bitte vergib sie mir und befreie mich davon.
Ich sage ab dem Teufel und allen seinen Werken.
Ich stelle mich ganz auf deine Seite, Herr Jesus.

Herr, ich öffne mich jetzt für deinen Heiligen Geist.
Erfülle mich mit ihm und lass seine ganze Kraft in mir wirksam werden.

Herr, ich danke dir, dass du mich hörst und erhörst.
Ich danke dir, dass du mir alle meine Schuld vergeben hast.

Danke für das Geschenk des neuen Lebens mit dir.
Ich lobe dich und bete dich an.
Amen.

Wenn du dieses Gebet als Ausdruck deines Willens gesprochen hast, hast du die Tür für Jesus Christus geöffnet.

Gott hat Ja zu dir gesagt und du zu ihm. Was auch immer geschieht – dies steht felsenfest.

Dein Leben beginnt neu, als Christ. Jesus Christus ist jetzt das Zentrum deiner Existenz. Als Christ kannst du ganz Mensch sein. Du hast zu deiner Bestimmung gefunden.

Du kannst Mensch Gottes sein, so wie Gott sich dich gedacht hat, als er dich schuf. Und als Mensch kannst du ganz Christ sein, „radikal", von der Wurzel her, ganz und gar. Gott ist dir ganz nahe, um dich zu leiten. Der Weg als Christ ist wie eine große Entdeckungsreise. Hier ist der Startpunkt.

Geschenke Gottes

Bevor du auf dem Weg weitergehst, solltest du noch die Geschenke auspacken, die Gott dir in die Wiege des neuen Lebens gelegt hat.

Das erste Geschenk ist *die Gewissheit*.
Jesus hat gesagt: „Ich werde keinen abweisen, der zu mir kommt."[26] Dass wir von Gott angenommen sind, ist eine besiegelte Sache. Der Grund dafür liegt nicht so sehr in unserer Entscheidung für Christus, so wichtig diese auch ist, sondern in der ewigen Entscheidung Gottes für uns.

Am Kreuz hat Jesus sich darauf festnageln lassen. Seine ausgebreiteten Arme zeigen dir: Gott ist für dich: „Wer kann uns dann noch etwas anhaben? Er verschonte nicht einmal seinen Sohn, sondern ließ ihn für uns alle sterben. Wird er uns dann mit ihm nicht alles schenken? Niemand kann die Menschen anklagen, die Gott erwählt hat. Denn Gott selbst spricht sie frei. Kann uns dann noch etwas von Christus und seiner Liebe trennen?"[27]

Ein weiteres Geschenk ist ein *gereinigtes Gewissen*.
Die Kluft zwischen Gott und uns ist ein für alle Mal überbrückt. „In Christus hat er selbst gehandelt und hat aus dem Weg geschafft, was die Menschen von ihm trennte. Er rechnet ihnen ihre Verfehlungen nicht an."[28] Nichts kann uns mehr von Gott tren-

---

[26] Johannes-Evangelium, Kapitel 6, Vers 37.
[27] Brief an die Gemeinde in Rom, Kapitel 8, Verse 31-35.
[28] 2. Brief an die Gemeinde in Korinth, Kapitel 5, Vers 19.

nen. Die Erinnerung an unsere Schuld braucht uns nicht mehr niederzudrücken. Vielmehr wird sie zum Anlass, Gott für seine Vergebung und Annahme zu danken. Freude kann dein Leben bestimmen, weil du den Rücken frei hast.

So schenkt Gott uns auch die *Möglichkeit zur Versöhnung*.
In der Kraft der Vergebung und Erneuerung, die wir selbst erfahren haben, können wir anderen Menschen vergeben und neu den Kontakt mit ihnen knüpfen. Alte Bitterkeiten, Feindschaften und Unversöhnlichkeiten können jetzt überwunden werden. Wir können lernen zu segnen, wo uns geflucht wurde, zu lieben, wo wir Hass erfahren haben, und für die zu beten, die uns beleidigt haben. So kann sich Gottes Herrschaft der Liebe und des Friedens auch durch uns ausbreiten.

Das vierte Geschenk, das Gott uns macht, ist das *Geschenk der Gemeinschaft*.
Gott hat uns als Kinder in seine Familie aufgenommen und stellt uns Schwestern und Brüder an die Seite. Gemeinsam mit ihnen folgen wir Jesus nach. Wir gehören zusammen.

In der Gemeinschaft der Christen kann ein Mensch die Nähe von Jesus in besonderer Weise erfahren: „Wo zwei oder drei in meinem Namen zusammenkommen, da bin ich selbst in ihrer Mitte."[29] Auf Dauer kann niemand allein als Christ leben, ohne Schaden zu nehmen. In der Gemeinschaft erfahren wir Hilfe, Korrektur, Ermutigung und Wegweisung. In ihr können wir auch unsere Gaben und Aufgaben entdecken.

---

[29] Matthäus-Evangelium, Kapitel 18, Vers 20.

Gott begabt uns mit einem *Auftrag.*
Gemeinsam mit den anderen Christen sind wir von Jesus beauftragt, seine Boten in dieser Welt zu sein: „Wie der Vater mich gesandt hat, so sende ich nun euch."[30]

Im diesem Auftrag, den Jesus uns gibt, sind Wort und Tat verbunden. In seinem Namen sollen wir den Menschen seine Botschaft bringen. In seinem Namen sollen wir aber auch die Kranken heilen, Hungernde speisen, Nackte kleiden und Obdachlose aufnehmen. Sein umfassender Auftrag ist nur durch die Gemeinschaft aller Christen zu erfüllen. So ist diese Gemeinschaft Aufgabe und Geschenk zugleich.

Das Geschenk der *Hoffnung.*
Als letztes der vielfältigen Geschenke Gottes möchte ich eins hervorheben, das heute von besonderer Bedeutung ist. Es ist die Hoffnung. Weil Jesus kein toter Religionsstifter ist, sondern der auferstandene und wiederkommende Herr, gibt es für Christen keine letztlich hoffnungslose Lage. Immer noch ist Jesus da. Seinen Möglichkeiten sind keine Grenzen gesetzt. Auf ihn können wir hoffen, wo es nach menschlichem Ermessen nichts mehr zu hoffen gibt.

Christen sind Menschen der Hoffnung, weil sie den kennen, der die Zukunft in Händen hält. Sie wissen, dass Jesus Himmel und Erde umwandeln wird: „Es wird keinen Tod mehr geben und keine Traurigkeit, keine Klage und keine Quälerei mehr. Jetzt mache ich alles neu!"[31]

---

[30] Johannes-Evangelium, Kapitel 20, Vers 21.
[31] Offenbarung des Johannes, Kapitel 21, Verse 3-5.

Gottes Geschenke sind Ausdruck seiner Gnade

Dies sind einige der Geschenke, die Jesus dir mit auf den Weg gibt. Das biblische Wort für „Geschenk" heißt Gnade. Ein Christ lebt vom Anfang bis zum Ende von der Gnade Gottes, von seiner uneingeschränkten und unverdienten freundlichen Zuwendung. Diese Gnade gilt jedem. Durch sie finden wir erst zu unserer eigentlichen Bestimmung: Töchter und Söhne Gottes, des Vaters, zu sein. Dazu sind wir geschaffen. Durch unsere Trennung von Gott war der Weg dazu lange verbaut. Durch Jesus ist er frei.

Wer zu ihm kommt und ein Christ wird, ein von Christus geprägter Mensch, wird zugleich ein neuer Mensch. Das ist Gottes Einladung an jeden, an mich und an dich: Christ werden – Mensch sein.

Teil 2

Christsein konkret

Der erste Schritt ist getan – wie kann es jetzt weitergehen? Wie kannst du dein Leben als Christ praktisch gestalten?

Christsein ist ein lebenslanger Weg, das ist klar. Es
ist und bleibt ein Abenteuer, diese Beziehung zu
Christus in ihrer ganzen Fülle zu entdecken und
Stück für Stück zu entwickeln.

Im Folgenden möchte ich einige grundlegende Fol-
gerungen aus der neuen Gottesbeziehung darlegen,
die dir helfen, das Christsein konkret in allen Lebens-
bereichen zu entfalten.

1. Bleibe im Gespräch mit Gott

Gebet ist der lebendige Kontakt mit Gott. Beten ist
keine Pflicht oder Zwang. Beten ist die natürlichste
Lebensäußerung der Beziehung zu Jesus. Es ist wie
das Atemholen für die Seele. Beten besteht aus Hören und Reden. Wie oder mit welchen Worten du
betest, ist nicht so wichtig. Wichtig ist, dass du es
tust. Das Gebet reinigt und erneuert deine Innen-
welt. Und es verändert deine Außenwelt. Denn durch
Beten kommst du in Kontakt mit der größten Kraft
im Universum, mit Gott.

Deshalb: Entwickle dein Gebetsleben. Rede über
alles mit Gott! Es gibt kein Problem, das zu groß für
Jesus Christus ist. Es gibt auch keine Frage, die für
ihn zu klein ist. Es gibt einfach nichts, an dem er
nicht interessiert wäre. Denn schließlich ist er dein
Freund. Mit ihm kannst du über alles sprechen: Über

die Probleme deines persönlichen Lebens genauso wie über die großen Krisen in der Welt. Denn Jesus ist kein stummer Götze, sondern der lebendige Herr aller Herren. Ihm ist alle Macht gegeben, im Himmel und auf Erden. Und er ist es, der uns hört und – auch auf unser Gebet hin – in dieser Welt handelt.

Dein Gebet richtet sich an Gott, der ein einiger Gott ist – Vater, Sohn und Heiliger Geist. Ob du im Gebet Jesus ansprichst oder den Vater, ist letztlich nicht entscheidend. In der Bibel finden wir Beispiele für beides. Wichtig sind letztlich nicht unsere Worte, sondern dass wir von Herzen beten.

Danke Gott im Gebet für alles, was er dir gibt, auch für die Kleinigkeiten. Gott hat jedem von uns so viel geschenkt. Alle guten Dinge kommen letztlich aus seiner Hand. Natürlich gibt es auch Negatives, Kaputtes in unserer Erfahrung. Aber wenn wir unseren Blick auf Gott richten, ändert sich unser Blickwinkel. Wenn wir Gott in unserem Blickfeld haben, merken wir, dass uns letztlich nichts schaden kann, denn alles muss an Gott vorbeigehen, bevor es zu uns kommt. Wenn du Dankbarkeit einübst, werden Freude und Kraft dein Leben prägen. Jesus kann aus jedem Minus ein Plus machen. Auch wenn du es nicht auf den ersten Blick entdeckst, ist er schon am Wirken. „Sorget nichts, sondern in allen Dingen lasst eure Bitten im Gebet und Flehen mit Danksagung vor Gott kundwerden.“[32] Das regelmäßige Gespräch mit Jesus im Gebet ist eine große Chance für unser Leben. Es ist wie das Atemholen der Seele.

---

[32] Brief an die Philipper, Kapitel 4, Vers 6.

2. Lies täglich in der Bibel und lebe nach ihr

Die Bibel ist ein Buch wie kein anderes. Sie ist beides zugleich: Gottes Wort und Wort von Menschen. Gott hat die Verfasser der biblischen Bücher geleitet, so dass ihre Worte zu Gottes Botschaft für alle Menschen zu jeder Zeit werden können. Es ist schon erstaunlich: Die Bibel ist immer wieder neu. In jeder Kultur und in jedem Land vernehmen Menschen beim Lesen der Bibel, dass Gott durch das geschriebene Wort direkt in ihre Herzen und ihren Verstand hinein spricht.

Die Bibel ist Gottes Liebesbrief an dich. Sie nützt dir wenig, wenn sie im Schrank liegt und verstaubt. Sie kann dein Leben aber total umkrempeln, wenn du sie in dich aufnimmst. Dann nimmt der Heilige Geist die Worte der Bibel und macht sie in dir zu einer Quelle, aus der Weisheit, Durchblick, Kraft und Liebe kommen. Die Bibel ist wie ein Spiegel, in dem du dich selbst erkennst. Sie ist der Kompass, der die Richtung angibt, und ein Licht, das deinen Weg hell macht.

Nur viel biblisches Wissen anzuhäufen, bringt nicht viel. Erst wenn du es riskierst, wirklich zu tun, was da steht, machst du Entdeckungen, die dir keiner wegdiskutieren kann. Glaube und Tun gehören zusammen. Auf Jesus hören führt dazu, dass wir Jesus gehorchen. Die Gebote von Jesus sind keine Zwangsjacke, sondern führen in eine wirkliche Freiheit. Wenn wir tun, was er sagt, gelingt unser Leben. Jesus sagt: „Ihr seid meine Freunde, wenn ihr tut, was ich euch gebiete."[33] Auf das Tun kommt es an: „Seid aber Täter des Wortes und nicht Hörer allein!"[34]

---

[33] Johannes-Evangelium, Kapitel 15, Vers 14.
[34] Brief des Jakobus, Kapitel 1, Vers 22.

3. Lass dich vom Heiligen Geist leiten

Lass dich im täglichen Leben von Gottes Geist leiten! Gottes Geist ist uns gegeben, damit wir nicht allein durch das Leben gehen müssen. Er ist der Tröster, der Beistand, den Jesus Christus seinen Nachfolgern versprochen hat: „Ich will den Vater bitten, und er wird euch einen andern Tröster geben, dass er bei euch sei ewiglich, den Geist der Wahrheit, welchen die Welt nicht kann empfangen, denn sie sieht ihn nicht und kennt ihn nicht."[35] Der Heilige Geist ist der Teil von Gott, der zu uns gesandt ist und uns erfüllt. Er ist Gott, so wie Jesus und der Vater Gott sind. Das Geheimnis des dreieinigen Gottes können wir nicht verstehen. Aber wir können die erneuernde Kraft des Heiligen Geistes in unserem Leben erfahren. Wenn wir um den Heiligen Geist bitten, bitten wir um die höchste Gabe. Denn er ist der Geber aller Gaben.

Es ist das große Vorrecht eines Christen, dass wir unser Leben nicht allein gestalten müssen. Gottes Geist will aktiv werden und uns anleiten, auch in den kleinen Dingen. Wenn wir dem Heiligen Geist in unserem Herzen Raum geben, fängt er an, unsere Einstellung zu verändern und uns klar den Weg zu zeigen, den wir gehen können. Das ist eine spannende Erfahrung, zu merken, dass Gott unsere Geschichte in seine große Geschichte einbaut, uns leitet und durch uns wirkt.

Der Heilige Geist ist wie ein Feuer. Er will in dir die Liebe zu Jesus entzünden. Er will in dir die Leidenschaft entfachen, für Jesus zu leben. Er will dein Herz erwärmen, so dass du anderen mit echter Lie-

---

[35] Johannes-Evangelium, Kapitel 14, Verse 16 und 17.

be begegnen kannst. Er will in dir das Licht von Jesus strahlen lassen. Er will dich reinigen und läutern wie Gold, das im Feuer liegt. Er will dir Kraft und Energie geben für die Aufgaben, die vor dir liegen. Deshalb gilt, was Paulus schreibt: „Lass dich immer neu vom Heiligen Geist erfüllen!"[36]

4. Erneuere deine Beziehung zu anderen

Die Tatsache, dass du eine neue Beziehung zu Gott gefunden hast, hat auch Auswirkungen auf deine Beziehungen zu anderen. Das ist unsere Chance und auch unsere Aufgabe: unsere Beziehungen zu anderen Menschen ins Reine zu bringen. Weil Gott uns durch Jesus Christus Vergebung geschenkt hat, weil er uns ganz angenommen hat, können wir jetzt auch anderen all das vergeben, was sie uns schuldig geblieben sind. Wir werden durch die Annahme, die wir von Gott erfahren haben, dazu befreit, andere auch ganz anzunehmen, so, wie sie sind, und nicht so, wie wir sie gern haben möchten.

Deine Beziehungen kommen auf eine neue Grundlage. Friede wird möglich, wo vorher nur Streit war. Die Liebe Gottes, die du erfahren hast, kann jetzt die treibende Kraft und die Grundlage unseres Lebens werden. Jesus Christus will und wird uns die Kraft dafür geben, wenn wir ihn darum bitten. Der Apostel Paulus rät in seinem Brief an die Kolosser: „Ertragt einander und vergebt euch untereinander, wenn jemand Klage gegen den anderen hat; wie der Herr euch vergeben hat, so vergebt auch ihr."[37]

---

[36] Brief an die Gemeinde in Ephesus, Kapitel 5, Vers 18.
[37] Brief an die Gemeinde in Kolossä, Kapitel 3, Vers 13.

5. Rechne mit der Wirklichkeit und Macht Gottes

Die Wirklichkeit Gottes ist wirklicher als das, was wir in unserem begrenzten Denken für wirklich halten. Seine Macht ist größer als alle anderen Mächte, die sich in dieser Welt finden. Gott ist der Herr der Welt. Er hat seinem Sohn, Jesus Christus, alle Macht übertragen. Deshalb nennt die Bibel Jesus den „Herrn". Er ist der Herr, der alles in seiner Hand hat. Wenn du mit Jesus verbunden bist, steht er mit seiner ganzen Macht und Kraft hinter dir. Dabei ist das wichtig zu verstehen: Seine Macht ist eine Macht der Liebe, nicht der Gewalt oder Unterdrückung. Jesus setzt seine Macht ein, um Menschen zu helfen, zu heilen und zu versöhnen. Du kannst in allen Situationen mit der Macht von Jesus rechnen, auch wenn sie manchmal nur verborgen wirkt. Jesus sagt von sich selbst: „Ich bin das A und das O, der Erste und der Letzte und der Lebendige."[38] Er ist der Anfang und das Ende. Er ist der, der da war, der da ist und der da sein wird. Er ist der allmächtige Gott, die alles bestimmende Wirklichkeit.

Weil das so ist, gibt es keinen Bereich dieser Welt oder deines Lebens, der außerhalb des Zugriffs von Jesus wäre. Es gibt nichts und niemand, das oder der stärker wäre als er. Deshalb brauchen wir uns in keiner Lebenslage zu fürchten. Wir können zu jeder Zeit mit Gottes Kraft rechnen.

---

[38] Offenbarung an Johannes, Kapitel 1, Vers 8.

6. Lebe in Gemeinschaft mit anderen Christen

Christsein ist keine Ein-Mann-Show. Jeder von uns braucht die Unterstützung, den Rat und die Ergänzung von anderen Christen. Niemand kann auf Dauer ganz auf sich allein gestellt Christ sein. Die Gemeinschaft mit anderen, die auch Jesus nachfolgen und ihn konkurrenzlos lieb haben, ist ein großes Geschenk. Gemeinschaft, das heißt miteinander zu sprechen, gemeinsam zu beten, das Leben zu teilen, einander annehmen und lieben zu lernen, ist Teil der gelebten Jüngerschaft. Keiner braucht als Christ allein zu bleiben. Überall hat Gott Leute, die ihn suchen und anbeten. Suche den Kontakt mit ihnen, auch in anderen Ländern und Orten, und verbinde dich mit ihnen, auch wenn sie aus einem anderen kirchlichen oder gemeindlichen Hintergrund kommen als du. Gottes Geist überwindet Grenzen zwischen Menschen und macht Gemeinschaft möglich.

Teilhaben zu können an einer Gemeinschaft von Menschen, die Jesus folgen, ist ein großes Geschenk. Die Gemeinschaft der Christen, die Gemeinde, soll ein Modell der Liebe Gottes in dieser Welt sein. Viele Christen suchen nach konkreter, gelebter Gemeinschaft. An vielen Orten entstehen verbindliche Arbeits-, Wohn- und Lebensgemeinschaften von Christen, die sich miteinander verbinden, um den Willen Gottes in die Tat umzusetzen. Ganz gleich, wie die Gemeinschaft konkret umgesetzt wird: Für alle Christen ist es wichtig, das Leben zu teilen, voreinander ehrlich zu werden und im Alltag als Christen miteinander in Beziehung zu stehen. So wird jeder Einzelne gestärkt. Und es entstehen Freiräume, in denen auch andere Geborgenheit und die Liebe von Jesus erleben können.

Das gemeinsame Gebet hat eine große Kraft. Mach es zu einer regelmäßigen Gewohnheit, mit anderen Christen zusammen zu beten. Die äußere Form ist dabei nicht so wichtig. Hauptsache ist, dass es geschieht. Du wirst entdecken, dass ihr euch beim Beten gegenseitig ergänzt. Dank, Lob, Anbetung, Fürbitte und Bekenntnis der Schuld sind Bestandteile dieses gemeinsamen Gebetes.

Jeder Christ gehört in eine Gemeinde oder Gemeinschaft hinein, die von Gebet geprägt wird. Die christliche Gemeinde wurde aus dem gemeinsamen Gebet geboren und lebt durch das Gebet. Jesus Christus hat versprochen: „Wo zwei oder drei in meinem Namen zusammen sind, da bin ich mitten unter ihnen."[39]

Die Gemeinschaft mit anderen Christen kann sehr kreativ gestaltet werden. Dazu gehört, Lieder zum Lob Gottes zu singen und die Freude an ihm kreativ auszudrücken. Musik ist eine Gabe Gottes an uns. Die Bibel ist voll von Aufforderungen, zu singen und zu Gottes Ehre Musik zu machen.

Gottes Geist will uns kreative, neue Ideen geben, wie wir unsere Beziehung zu Jesus ausdrücken können. Musik, Tanz, Theater, darstellende Kunst, Aufschreiben von Gebeten, Geschichten und Gedichten, Feste feiern mit Gott im Mittelpunkt – all das sind Möglichkeiten, Jesus zu loben und anderen etwas von ihm weiterzugeben. Entwickelt diesen Teil eurer Gemeinschaft und lebt festlich, weil Jesus in eurer Mitte ist. Und ladet andere mit dazu ein.

Die Gemeinschaft der Christen kann auch mit-

---

[39] Matthäus-Evangelium, Kapitel 18, Vers 20.

ten im Alltag gelebt werden, z.B. durch regelmäßige Gebetstreffs mit zwei oder drei anderen. Auch an deiner Arbeitstelle oder in deiner Ausbildungsstätte finden sich andere, die Jesus Christus nachfolgen. Ihr solltet einander kennen, weil ihr zur selben Familie gehört. Trefft euch und betet miteinander für die Menschen in eurer Umgebung. Gottes Geist will unter ihnen wirken. Jesus will in deine tägliche Welt hineinkommen. Lebt in praktischer Gemeinschaft miteinander. Gemeinschaft soll nicht nur auf bestimmte Stunden und Orte beschränkt sein. Das ganze Leben hat mit Gott zu tun. Helft einander bei euren Problemen. Teilt nicht nur den Sonntag, sondern auch den Alltag miteinander.

Es gibt viele Möglichkeiten, einander praktisch zu helfen. Viele Dinge werden leichter, wenn man sie gemeinsam anpackt. Kräfte, Erfahrungen und Begabungen werden gebündelt, Zeit und Geld wird freigesetzt, das für andere eingesetzt werden kann. Die Gemeinschaft der Christen ist eine weltweite Wirklichkeit. Sie soll konkret und praktisch werden durch Partnerschaften und Austausch mit Christen in anderen Ländern.

7. Setze deine Talente für Gottes Sache ein

Gott hat einen Plan für dein Leben. Frage Gott, was er an Möglichkeiten für dich bereit hält. Jesus möchte durch seine Leute in dieser Welt wirken. Er sucht nach Menschen, die ihm ihr Leben ganz und gar zur Verfügung stellen. Mit Wort und mit der praktischen Tat sollen wir anderen helfen. Drücke Jesus deine grundsätzliche Bereitschaft aus, für ihn in seinem Auftrag jede Arbeit zu tun und in jedes Land zu gehen. So wirst du wirklich offen für seine Stimme und bereit, dich von ihm beauftragen und senden zu lassen. Gott hat große Gedanken über dein Leben. Du bist etwas Besonderes für ihn. Gib dich nicht mit zweiter Wahl zufrieden, sondern suche intensiv nach Gottes Willen. Und dann vertraue, dass er deinen Weg auch wirklich leitet.

Bitte darum, dass der Heilige Geist dir die nötigen Begabungen für deine Arbeit gibt. Letztlich kommen alle Begabungen von Gott. Er ist der Schöpfer, der Kreativität und Vielfalt in uns hineingelegt hat. In allen Bereichen unseres Lebens sind wir von ihm abhängig. Der Heilige Geist will uns immer neu begaben für die Aufgaben, die vor uns liegen. Wo wir überfordert sind, will Gottes Geist uns Kraft und einen neuen Blick für seine Möglichkeiten geben. Gott will uns immer neu beschenken. Aber er wartet darauf, dass wir ihn bitten. Für besondere Aufgaben und Situationen gibt Gott uns auch ein besonderes Maß seines Geistes und alle notwendigen Gaben.

Entdecke und entwickle deine Gaben. Gott hat Aufgaben für dich, die nur du ausfüllen kannst. In unserer Welt gibt es viel Leid, viel Dunkles, viel Kaputtes. Jeder kann an seinem Ort mithelfen, dass Licht in die Dunkelheit hineinkommt, dass Heilung dahin kommt, wo Verwundung und Zerstörung ist, und dass Frieden und Hoffnung wachsen statt Hass und Verzweiflung. Gott hat jedem Gaben gegeben, natürliche Gaben und Begabungen, die direkte Geschenke des Heiligen Geistes sind. Lass sie nicht versauern, sondern setze sie ein zur Ehre Gottes und zum Wohl und zur Hilfe für die Menschen um dich herum. „Alles, was ihr tut, mit Worten oder mit Werken, das tut alles im Namen des Herrn Jesus und dankt Gott, dem Vater durch ihn.“[40]

8. Stelle dich öffentlich zu Jesus Christus

Es ist nicht immer leicht, sich öffentlich zu Christus zu bekennen. Es liegt nicht im gesellschaftlichen Trend, Christ zu sein. Nicht nur die gegenwärtige Zeitströmung, sondern ganze Gruppen der Gesellschaft versuchen, den Einfluss von Jesus einzudämmen. In manchen Ländern ist es sogar verboten, eine Bibel zu besitzen oder den Namen Jesus öffentlich zu nennen. So wird vielerorts versucht, zu verhindern, dass die Botschaft von Jesus Christus Gehör findet. Manchmal geschieht das ganz offen durch Verbote und Verfolgung, manchmal aber auch verborgen durch Meinungsmache, Verleumdung, Lächerlichmachen oder einfach durch Ignorieren.

Der auferstandene Jesus lässt sich aber auf Dauer nicht ausgrenzen. Die Kraft des Heiligen Geistes durchbricht alle Hindernisse von außen und innen. Lass dich von ihm erfüllen und stärken, Jesus überall ins Gespräch zu bringen, vor allem im Alltag. Denn da gehört die Nachricht von Jesus hin. Jesus hat gesagt: „Ihr werdet die Kraft des Heiligen Geistes empfangen und werdet meine Zeugen sein!“[41]

So ist das unser Auftrag: Jesus als den gekreuzigten und auferweckten Herrn zu verkündigen, durch unser Leben, unsere Taten und unsere Worte. Der Inhalt dessen, was wir weitergeben sollen, sind nicht wir selbst: weder unsere Leistungen, unsere großartigen geistlichen Erlebnisse oder unsere Gemeinde

---

[40] Brief an die Gemeinde in Kolossä, Kapitel 3, Vers 17.
[41] Apostelgeschichte, Kapitel 1, Vers 8.

oder Organisation noch unsere Probleme und Konflikte. Zentrum unserer Verkündigung soll Jesus Christus sein. Was er getan hat, ist einzigartig. Jeder Mensch hat ein Menschenrecht darauf, von Jesus zu hören.

Deshalb lass dich ermutigen: Sei ein Zeuge für die Wahrheit von Jesus. Zeugen haben anderen etwas voraus: Sie wissen, wovon sie reden. Sie haben eine Botschaft, die sie weitersagen müssen. Sie haben einen Grund, anderen mitzuteilen, was sie erfahren haben. Wenn du Jesus wirklich kennst, wirst du unweigerlich zu seinem Zeugen. Du kannst auf Dauer gar nicht stumm bleiben. Die Wahrheit von Jesus muss weitergegeben werden, auch denen, die sie noch nicht verstehen oder noch ablehnen. In allen Bereichen des Lebens sollen wir Zeugen sein, klar, eindeutig, aber nicht aggressiv oder rechthaberisch, sondern einfühlsam und gewinnend. Und noch etwas: Unser persönliches Gebet für andere und unser Reden über Jesus gehören zusammen wie zwei Seiten einer Medaille. Bevor wir zu anderen über Jesus reden, sollten wir mit Jesus über den anderen sprechen.

Auch die nächste Generation hat ein Anrecht darauf, die Botschaft Gottes zu hören. Die Worte von Jesus sollen weitergegeben werden. Die Sache Jesu muss weitergehen. Jede neue Generation soll neu, in ihrer Sprache und Kultur, mit Jesus konfrontiert werden. Deshalb ist nicht nur das Weitersagen der Liebe Gottes von Bedeutung, sondern auch die Schulung und Lehre – persönlich und in kleinen Gruppen. So geschieht eine echte Multiplikation in die nächste Generation hinein. In der Bibel steht: „Die noch nicht geboren sind, werden es hören und weitersagen: Gott ist treu, auf seine Hilfe ist Verlass."[42]

---

[42] Das Buch der Psalmen, Kapitel 22, Vers 32.

9. Stelle Gott an die erste Stelle deines Lebens

Das ist das erste Gebot: „Ich bin der Herr, dein Gott. Du sollst keine anderen Götter haben neben mir. Bete sie nicht an und diene ihnen nicht!"[43]

Was wir anbeten, prägt uns. Was ist das Wichtigste für dich? Sind es Dinge, Ziele, Personen? Vieles hat seine Berechtigung. Aber der erste Platz in unserem Herzen kommt nur Gott zu. Wenn wir ihn an die erste Stelle setzen, findet alles andere seinen richtigen Platz. Wenn wir vor Gott knien, können wir vor den selbst ernannten Herren dieser Welt aufrecht stehen.

Gott an die erste Stelle des Lebens zu stellen heißt auch, seine Gebote ernst zu nehmen: „Du sollst nicht töten, du sollst nicht ehebrechen, du sollst nicht stehlen ..."[44] Gott hat die Gebote gegeben, damit wir leben können. Sie ernst zu halten ist ein zentraler Teil des Christseins. Die Tatsache, dass Gott uns durch Jesus alles vergeben hat, bedeutet nicht, dass wir jetzt die Gebote Gottes außer Acht lassen sollen. Vielmehr sollten Menschen, die Jesus Christus nachfolgen, sie ganz ernst nehmen.

Gott an die erste Stelle zu setzen heißt auch, anderen Abhängigkeiten abzusagen. Gerade in den Ländern des Westens ist der Materialismus ein großes Problem. Deshalb: Hänge dich nicht an deinen Besitz. Geld und Reichtum üben eine große Faszination aus. Viele Menschen haben sich dieser Macht verschrieben und tun alles für Geld und Reichtum. Doch beim Streben nach Reichtum kann man leicht

---

[43] 2. Buch des Mose, Kapitel 20, Verse 2 und 3.
[44] 2. Buch des Mose, Kapitel 20, Verse 4-17.

seine Seele verlieren. Materieller Besitz ist vergänglich. Gott gibt ihn uns zum Leben und zum Weitergeben an andere, die bedürftig sind. Es ist nicht verboten, Güter zu besitzen. Aber es sollte nicht so sein, dass die Güter uns besitzen. Gottes Wille und das Wohl anderer Menschen sind immer höher zu bewerten als Besitz. Unsere Güter werden sehr leicht zu unseren Götzen. Götzen sind die kleinen Götter unseres Lebens. Götzen sind das, woran unser Herz hängt und was uns beherrscht.

Das betrifft nicht nur das Thema Geld. Sondern auch andere Dinge können uns ganz in Beschlag nehmen: die Suche nach Anerkennung und Ehre und vieles andere mehr.

Gott an die erste Stelle zu setzen kann zum Beispiel praktisch bedeuten: dem Götzen Geld und Sicherheit abzusagen und anzufangen, Notleidende zu unterstützen. Die meisten von uns haben viel zu viel, während andere Menschen Not leiden. Es ist wichtig, konsequent teilen zu üben. Wer nicht abgeben lernt, wenn er nur wenig verdient, wird es auch nicht tun, wenn er viel verdient. So möchte ich dich ermutigen, im Geben und Helfen kreativ zu sein.

Das kann bedeuten, sich Aktionen auszudenken, mit denen Notleidenden ganzheitlich geholfen wird. Es muss aber immer bei uns selbst anfangen. Denn schließlich sollen wir anderen nicht nur materiell helfen, sondern unser Herz für sie öffnen. Die Bibel drückt das so aus: „Es ist dir gesagt, Mensch, was gut ist und was der Herr von dir fordert: Gottes Wort halten, Liebe üben und demütig sein vor deinem Gott!"[45]

---

[45] Prophet Micha, Kapitel 6, Vers 8.

10. Lebe in der Erwartung der Zukunft Gottes

Die Weltgeschichte hat ein Ziel: Jesus kommt wieder. So gewiss wie Jesus auferstanden ist, so gewiss wird er als König und Richter wiederkommen. Alle Menschen werden ihn sehen. Keiner wird sich mehr Jesus entziehen können. Jesus ist der Weltrichter, den Gott, der Vater, eingesetzt hat. Er ist der Friedefürst, der die neue Welt Gottes schaffen wird, in der Unrecht, Leid, Krankheit, Krieg, Streit und Tod überwunden sind. Sein Kommen ist die große Tatsache, auf die wir zugehen.

Das apostolische Glaubensbekenntnis, die Grundlage der christlichen Lehre in allen Kirchen, drückt es so aus: *„Ich glaube ... an Jesus Christus, Gottes eingeborenen Sohn, unseren Herrn ... Er sitzt zur Rechten Gottes, des allmächtigen Vaters. Von dort wird er kommen zu richten die Lebenden und die Toten ..."*

Das ist die gemeinsame Überzeugung der christlichen Gemeinde: Jesus Christus wird das letzte Wort der Weltgeschichte sprechen. Auf dieses große Datum läuft alles zu. In der Erwartung dieser Zukunft zu leben, hat ganz praktische Konsequenzen.

Deshalb: Verschwende dein Leben nicht. Es ist wertvoll. Es hat nur eine begrenzte Dauer – zumindest hier auf der Erde. Am Ende zählt nur, was du im Namen von Jesus Christus und in seinem Auftrag für andere Menschen getan hast. Das heißt nicht unbedingt, deinen Beruf zu verlassen – außer wenn Gott dich so führt –, sondern mitten im Alltag mit dem Bewusstsein zu leben, dass Jesus kommt. Wer das im Blick behält, weiß, dass seine Handlungen und Einstellungen Gewicht und Bedeutung haben. Unser Leben zählt. Was wir tun, ist getan.

Und was wir unterlassen, bleibt ungetan. Wir gestalten die Weltgeschichte praktisch und konkret mit durch unsere kleinen und großen Entscheidungen und Handlungen.

Wenn alles andere wackelt, dieses eine nicht: Jesus lebt. Und er ist nicht mehr totzukriegen. Weil das feststeht, kannst du mit Zuversicht in die Zukunft gehen. Und du kannst mit Kraft und Freude den Alltag bewältigen. Weil Jesus lebt, ist der Tod nicht das Letzte. Krankheit, Verzweiflung, Sünde und Kriege werden ein Ende haben, wenn die Herrschaft von Jesus sich in ganzer Kraft entfaltet. Gott sagt am Ende der Bibel: „Siehe, ich mache alles neu!"[46]

Weil wir das wissen, können wir hier und heute entspannt und fröhlich als Nachfolger und Freunde von Jesus leben.

Zum Schluss: Bleibe unterwegs!

Leben mit Jesus ist spannend vom Anfang bis zum Ende. Die Ratschläge, die ich hier gegeben habe, können dir die Richtung zeigen, in der sich dein Leben als Christ entfalten kann.

Aber leben musst du dieses Leben selbst. Und ich bin gewiss, dass Gott noch viele gute Überraschungen für dich bereit hält.

---

[46] Offenbarung an Johannes, Kapitel 21, Vers 5.

Literatur zum Thema

- Baltes, Guido: Jesus. Dein Leben. Und du. Let the story begin! Verlag der Francke-Buchhandlung, Marburg, ISBN 3-86122-712-6

- Diehl, Hans-Jürgen: Die ersten 100 Tage mit der Bibel. Aussaat-Verlag, Neukirchen-Vluyn, ISBN 3-7615-4835-4

- Kettling, Siegfried: Wer bist du, Adam? Gottes Geschichte mit dem Menschen. R. Brockhaus-Verlag, Wuppertal, ISBN 3-417-20487-9

- Kettling, Siegfried: Jesus für Skeptiker. R. Brockhaus-Verlag, Wuppertal, ISBN 3-417-20611-1

- Siering, Heiz-Walter: Einfach Bibel lesen. Aussaat-Verlag, Neukirchen-Vluyn, ISBN 3-7615-5255-6

- Werner, Roland: Zehn gute Gründe, Christ zu sein. 7. Auflage. Aussaat-Verlag, Neukirchen-Vluyn, ISBN 3-7615-3426-4

- Werner, Roland & Baltes, Guido: Faszination Jesus. Was wir wirklich von Jesus wissen können. 3. Auflage Brunnen-Verlag, Gießen

Mehr von Roland Werner

Worte des Glaubens
*Nachsinnen über das, was
wirklich trägt*
ISBN 978-3-86122-893-6
80 Seiten, gebunden

26 Worte sind es, Grundworte des Glaubens,
Worte, über die es sich lohnt, nachzusinnen.
Worte wie Wegzeichen. Worte, die uns hinführen
zu dem, was unser Leben wirklich trägt.

Roland Werner lädt Sie ein, mit ihm nachzudenken über die Grundlagen unseres Glaubens.
Angelehnt an die 26 Buchstaben des Alphabets
hat er 26 Grundbegriffe aus der Bibel ausgewählt.
Wer sich die Zeit nimmt, darüber nachzudenken,
kann erleben, wie sein Glaube Tiefe und Weite
gewinnt.

**Du weißt, dass ich
dich lieb habe**
*Begegnungen mit Jesus
im Heiligen Land*
ISBN 978-3-86122-947-6
158 Seiten, gebunden

Entdecken Sie das „Fünfte Evangelium" – die
Landschaft des Heiligen Landes!
Wer ins Heilige Land reist, findet auf Schritt und
Tritt Spuren der biblischen Geschichte, Orte, an
denen Jesus Christus gelebt und gewirkt hat.
Roland Werner nimmt Sie mit auf Entdeckungs-
reise und erzählt Ihnen die Geschichte hinter der
Geschichte. Die Reise führt über Galiläa, Samaria,
Judäa und sogar Ägypten bis nach Jerusalem, nach
Gethsemane und Golgatha. Doch geht es ihm
nicht in erster Linie um Orte. Anschaulich und
persönlich erzählt der Autor von Erlebnissen mit
Jesus Christus – gerade an diesen Orten.
Bethlehem, Nazareth, Kapernaum und Jericho
sind nur Türen für die wirklich wichtige Begeg-
nung: Die Begegnung mit Jesus.
Ein Buch für Kopf und Herz zugleich, zum
Verschenken und Genießen.

Wissenswertes rund um die Bibel

Fragen über Fragen: Wer die Bibel liest, möchte
auch gerne wissen, wer die Autoren waren, in
welcher Situation das jeweilige Buch entstand und
wer die Empfänger und Leser waren.
Buch für Buch führt Dr. Thomas Weißenborn
durch das Neue Testament – wissenschaftlich
fundiert, spannend und informativ. Für alle, die
das Buch der Bücher erobern wollen!

Apostel, Lehrer und Propheten (1)
Evangelien und Apostelgeschichte
ISBN 978-3-86122-676-5
256 Seiten, Paperback

Apostel, Lehrer und Propheten (2)
Leben und Briefe des Apostels Paulus
ISBN 978-3-86122-710-6
288 Seiten, Paperback

Apostel, Lehrer und Propheten (3)
1. Petrusbrief bis Offenbarung
ISBN 978-3-86122-722-9
224 Seiten, Paperback

Max Lucado
Das besondere Geschenk
für Dich
ISBN 978-3-86827-003-7
48 Seiten, gebunden

Wenn Du Dein Leben lang im falschen Bus sitzt
und in die falsche Richtung fährst, landest Du
unweigerlich am falschen Ort. Und das wird
gewiss nicht der Himmel sein. Dein eigentliches
Ziel ist die Gegenwart Gottes, und er hat seinen
Teil dazu beigetragen, dass Du dort ankommen
kannst. Deinen Platz hat er bereits reserviert, Dein
Ticket ist bezahlt.

Lass Dir die Reise Deines Lebens schenken!

Stephen Lungu / Anne Coomes
Der aus dem Schatten trat
Vom Bombenleger zum Missionar
ISBN 978-3-86122-684-0
256 Seiten, Paperback

Rhodesien 1942: Stephens Mutter ist 14, als sie
ihn zur Welt bringt, verheiratet mit einem vierzig
Jahre älteren Mann. Als Stephen mit sieben Jahren
ein Alter erreicht hat, in dem andere Kinder
beginnen, die Welt zu erobern, verlässt sie ihn und
seine beiden kleinen Geschwister und schickt ihn
auf einen Weg durch die Hölle.
Fortan füllt er seinen Magen mit dem Müll der
Weißen und schläft unter den Brücken der Haupt-
stadt. Sein letztes Mittel im täglichen Über-
lebenskampf ist die Gewalt. Nur bei seinen Waf-
fenbrüdern in der Gang der „Schwarzen Schatten"
findet er Annahme, Treue und eine Religion:
die Revolution. Und bald auch eine besondere
Aufgabe: Mit Brandbomben soll das Zelt der
Christen zerstört werden.
Doch was Feuer fängt, sind keine Bomben,
sondern ist ausgerechnet Stephens Herz ...
Was dann kommt, ist fesselnder als ein Thriller.

In Auszügen als Hörbuch erhältlich:

Der aus dem Schatten trat
ISBN 978-3-86122-691-8
CD mit 74 Minuten Laufzeit